BEI GRIN MACHT SICH IHR WISSEN BEZAHLT

- Wir veröffentlichen Ihre Hausarbeit,
  Bachelor- und Masterarbeit

- Ihr eigenes eBook und Buch -
  weltweit in allen wichtigen Shops

- Verdienen Sie an jedem Verkauf

Jetzt bei www.GRIN.com hochladen und kostenlos publizieren

Bibliografische Information der Deutschen Nationalbibliothek:

Die Deutsche Bibliothek verzeichnet diese Publikation in der Deutschen National-
bibliografie; detaillierte bibliografische Daten sind im Internet über http://dnb.d-
nb.de/ abrufbar.

Impressum:

Copyright © 2015 GRIN Verlag, Open Publishing GmbH
Druck und Bindung: Books on Demand GmbH, Norderstedt Germany
ISBN: 9783668437616

Dieses Buch bei GRIN:

http://www.grin.com/de/e-book/359153/das-didaktikkonzept-schuelerfirma-als-
handlungsorientierte-methode-ihre

Anonym

Das Didaktikkonzept "Schülerfirma" als handlungsorientierte Methode. Ihre Einsatzmöglichkeiten im Fach Politik und Wirtschaft

GRIN Verlag

GRIN - Your knowledge has value

Der GRIN Verlag publiziert seit 1998 wissenschaftliche Arbeiten von Studenten, Hochschullehrern und anderen Akademikern als eBook und gedrucktes Buch. Die Verlagswebsite www.grin.com ist die ideale Plattform zur Veröffentlichung von Hausarbeiten, Abschlussarbeiten, wissenschaftlichen Aufsätzen, Dissertationen und Fachbüchern.

Besuchen Sie uns im Internet:

http://www.grin.com/

http://www.facebook.com/grincom

http://www.twitter.com/grin_com

Justus-Liebig-Universität Gießen
Fachbereich: Sozial- und
Kulturwissenschaften
Didaktik der Sozialwissenschaften
Wintersemester 2014/15

Einsatzmöglichkeiten des Konzeptes Schülerfirma im Fach Politik und Wirtschaft als handlungsorientierte Methode

04.05.2015

Inhaltsverzeichnis

Anmerkung: Werden Personenbezeichnungen aus Gründen der besseren Lesbarkeit lediglich in der männlichen oder weiblichen Form verwendet, so schließt dies das jeweils andere Geschlecht mit ein.

1 Einleitung

Wirtschaft ist eines der sechs Inhaltsfelder, die das hessische Kerncurriculum für das Fach Politik und Wirtschaft (im Folgenden PoWi) an Gymnasien festlegt.[1] Da ökonomisches Lernen in meinem Studium bisher nur rudimentär behandelt wurde, möchte ich mich in dieser Hausarbeit einer Methode widmen, die klar der Ökonomie zugeordnet werden kann: der Schülerfirma.

Nach der „Explorationsstudie Schülerfirmen" von de Haan et al. sind Schülerfirmen erst an wenigen Schulen verbreitet – so existiert über alle Schulformen hinweg (ausgenommen Grundschulen) nur an jeder vierten Schule eine Schülerfirma, Gymnasien schneiden mit ca. 15% besonders schlecht ab.[2] Dabei ist der Wunsch der Lehrer durchaus ein anderer:

Abb. 1: Angebotsformen von Wirtschaftsprojekten an der Schule

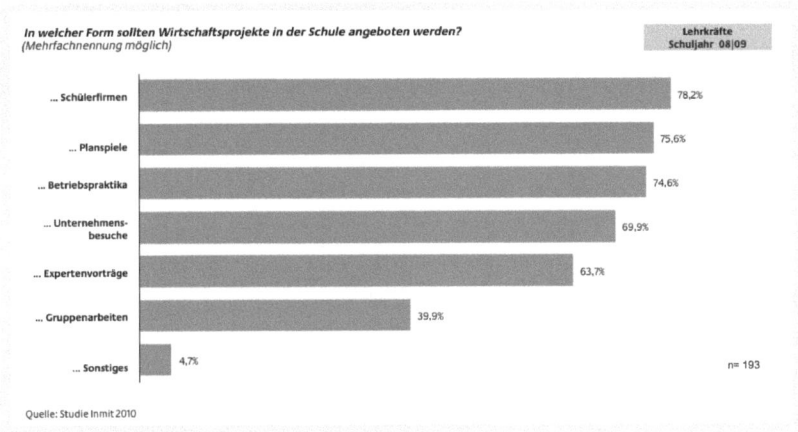

Quelle: Bundesministerium für Wirtschaft und Technologie (2010), S. 46.

Mehr als andere Alternativen wünschen sich Lehrer also Schülerfirmen, wenn es um Wirtschaftsprojekte an der eigenen Schule geht.

Außerdem wurden in der Explorationsstudie die Fächer betrachtet, in denen Schülerfirmen Anwendung finden: Hier schneidet das Fach PoWi sehr schlecht ab. Verbindungen zwischen Schülerfirmen und Unterrichtsfächern gibt es eher in Fächern wie Werken, Hauswirtschaft, Wirtschaft und Technik.[3] Da diese Fächer aber in der Regel an Gymnasien nicht angeboten werden, müsste das Fach PoWi eine größere Rolle einnehmen, was die Einbindung von Schülerfirmen in den Unterricht an Gymnasien angeht. Daher soll es ein Ziel dieser Hausarbeit sein, aufzuzeigen, wie das Konzept Schülerfirma gut als Makromethode ökonomischen Lernens in den PoWi-Unterricht eingebunden werden kann. Außerdem soll betrachtet

---

[1] Vgl. Hessisches Kultusministerium (o.J.), S. 19.
[2] Vgl. de Haan (o.J.), S. 17.
[3] Vgl. ebd., S. 27.

werden, ob es die Methode Schülerfirma leisten kann, einen guten Beitrag zur Ausbildung der Schüler in Hinblick auf deren ökonomische Kompetenzen zu leisten: Immer lauter werden die Rufe aus der Wirtschaft, die Schüler schon in der Schule auf das Wirtschaftsleben vorzubereiten.[4]

Damit die Beantwortung dieser Fragen gut gelingen kann, ist es notwendig, dass zuvor das Konzept Schülerfirma als solches betrachtet wird. Wie sind die Abläufe, welche Kompetenzen werden erworben, wo sind die Schwierigkeiten? Diesen Überlegungen folgend sieht der Aufbau dieser Hausarbeit wie folgt aus: Zunächst wird die Handlungsorientierung im PoWi Unterricht erläutert, da diese das didaktische Prinzip für eine handlungsorientierte Methode wie die Schülerfirma liefert. Daraufhin wird näher betrachtet, was eine Schülerfirma ist: zunächst die Definition, danach der Ablauf und dann der didaktische Hintergrund (Ziele, Gründe dafür und Kritik). Danach werde ich mit JUNIOR ein Programm vorstellen, unter dessen Aufsicht eine Schülerfirma gegründet werden kann, jedoch unter Rahmenbedingungen, die die Planung und Organisation etwas vereinfachen. Zum Abschluss ziehe ich ein Fazit, in dem ich die gesammelten Erkenntnisse kurz zusammenfasse. In diesem werden auch die Fragen beantwortet, ob der Einsatz einer Schülerfirma als Methode im PoWi-Unterricht sinnvoll ist und wenn ja, wie sie am besten in den Unterricht eingebunden werden kann.

2 Handlungsorientierung im PoWi-Unterricht

Im ersten Teil dieser Hausarbeit soll auf die Grundlage eingegangen werden, vor der die Schülerfirma als Methode ihre Berechtigung hat, nämlich die Handlungsorientierung im PoWi-Unterricht.

2.1 Definition

Um sich näher mit dem didaktischen Konzept der Handlungsorientierung auseinander zu setzen und die Anwendung sowie Vor- und Nachteile zu betrachten, ist es sinnvoll, zunächst einen Blick auf die Definition von Handlungsorientierung zu werfen. Hier wird aber direkt das erste Problem aufgeworfen: Es gibt in der Didaktik keine allgemein gültige und anerkannte Definition von Handlungsorientierung. Aus diesem Grund sollen hier exemplarisch zwei mögliche Definitionen wiedergegeben werden, die ich für besonders gut erachte.

Die Erste stammt von Tim Engartner:

> „Handlungsorientierung meint, dass die zwischen den Schülern und dem Lehrer vereinbarten Handlungsprodukte die Organisation des Unterrichtsprozesses leiten, so dass ‚Kopf, Herz und Hand' (Johannes Heinrich Pestalozzi) der Schüler, mithin ihr kognitives, affektives und psychomotorisches Lernen, in ein ausgewogenes Verhältnis zueinander

---

[4] Vgl. Handelskammer Hamburg (o.J.), Online.

gebracht werden können. Handlungsorientierter Unterricht ist selbstständig und schüler-aktiv, d.h. [...] [die Schüler sollen] selbst erkunden, erproben, entdecken, erörtern, planen und verwerfen."[5]

Den Begriff der Handlungsorientierung umgeht Sibylle Reinhardt, sie meint aber mit „Lernen in Interaktion" dasselbe Prinzip. Dieses enthält für sie drei Elemente:

1. Ganzheitlichkeit: Es werden viele verschiedene Dimensionen im Handeln der Schüler angesprochen: kognitiv, emotional, pragmatisch, sozial, moralisch u.v.m.

2. Wirklichkeitsnähe: Verschiedene Ebenen der Realität werden betrachtet.

3. Demokratisch: Die Schüler bestimmen den Lernprozess mit.[6]

Diese beiden Definitionen sind nur zwei von vielen aus der aktuellen Diskussion, doch sie liefern in meinen Augen einen guten Einstieg in das Thema Handlungsorientierung. Besonders die Definition von Engartner, die sich auch an Hilbert Meyer anlehnt, ist meiner Meinung nach umfassend und gut geeignet, als grundlegende Basis dieser Hausarbeit zu dienen.

Im Folgenden soll die Gestaltung handlungsorientierten Unterrichts näher betrachtet werden, dabei wird allerdings nicht mehr vom allgemeindidaktischen Konzept ausgegangen, sondern von fachdidaktischen Ansätzen für das Unterrichtsfach Politik und Wirtschaft.

Nach Klippert gibt es drei verschiedene Formen von Handeln im Unterricht:

1. Reales Handeln:

Diese Art von Handeln erweist sich besonders im institutionellen Kontext der Schule als schwierig, da reales politisches und ökonomisches Lernen allzu oft den zeitlichen Rahmen sprengt. Außerdem können schnell theoretische und übergeordnete Zusammenhänge aus den Augen verloren werden – dazu aber später mehr bei der Kritik an handlungsorientiertem Unterricht.

Wie ebenfalls später noch zu sehen sein wird, handelt es sich bei der Schülerfirma um ein Konzept, welches reales Handeln in der Schule ermöglicht. Damit ist auch klar, dass sich die Schülerfirma als handlungsorientierte Methode einordnen lässt.

2. Simulatives Handeln:

Diese Variante wird im PoWi-Unterricht am häufigsten angewandt. Die Schüler sind aufgefordert, reales Handeln nachzuahmen, haben dabei viel Spaß und sind konzentriert bei der Sache. Allerdings muss hier oft im Hinblick auf den Unterricht die Ausgangslage im Vergleich zur Realität stark vereinfacht werden.

3. Produktives Gestalten:

Hierbei wird etwas hergestellt, was in Bezug zu den Inhalten des PoWi-Unterrichts steht. Ein fertiges Werk am Ende stärkt die Motivation der Schüler, allerdings kann ein Produkt oft nicht das eigentlich erwünschte Politikverständnis wiedergeben.[7]

---

[5] Engartner (2010), S. 95.
[6] Vgl. Reinhardt (1998), S. 163.
[7] Vgl. Breit (1998), S. 105ff.

2.2 Wieso Handlungsorientierung?

Nachdem nun ein Überblick über das Was gegeben wurde, soll im Folgenden das Wieso im Mittelpunkt stehen.

Leider lässt sich in unserem heutigen Schulsystem eine starke Entfremdung von sinnhaften Lernprozessen beklagen. Die Schüler kriegen Inhalte in strikter Taktung vorgesetzt – wirkliche Sinnerfahrungen finden nicht mehr statt. Um dies zu ändern, kann Handlungsorientierung einen großen Beitrag leisten.[8]

Sie verknüpft Analysefähigkeit, politisch-theoretisches Wissen und soziale Kompetenz – gleichzeitig ist handlungsorientierter Unterricht für die Schüler interessant und motivierend. Das Wichtigste ist allerdings, dass wertvolle Einsichten in das Politische[9] erlangt werden: Sie erleben gesellschaftliche Komplexität, erfahren Zwänge von Rollen und Abhängigkeiten verschiedener Interessengruppen und lernen Kompromissbildung sowie Grenzen ihres Handelns kennen. Diese Einsichten lassen sich besser vermitteln, wenn sie nicht nur kognitiv, sondern auch über Erfahrungen vermittelt werden.[10] Außerdem leistet Handlungsorientierung einen wichtigen Beitrag zur Entwicklung von ökonomischen und politischen Schlüsselqualifikationen wie Selbstständigkeit, Kreativität und Kommunikationsfähigkeit.[11]

Massing beschreibt drei Ebenen, auf denen sich Handlungsorientierung im PoWi-Unterricht auswirken muss:

1. Ziel- und Inhaltsebene:

Es ist in der Fachdidaktik umstritten, was genau zu den Inhalten des PoWi-Unterrichts gehört, aber in einem Punkt sind sich die Experten einig: Die Schüler sollen zu mündigen Bürgern werden. Die dazugehörigen Fähigkeiten sollen nicht nur intellektuell, sondern auch handlungswirksam vermittelt werden, insofern leistet handlungsorientierter Unterricht einen wichtigen Beitrag zu der Zielsetzung politischer Bildung.

Da die Ziele eng an die Inhalte gebunden sind, muss sich Handlungsorientierung auch in den Zielen widerspiegeln – gesellschaftliche Prozesse sollen als „kollektive Handlungsprozesse" erkannt werden, Handeln muss also ein wesentlicher Inhalt im Unterricht sein.[12]

An dieser Stelle sei auch das Ziel handlungsorientierten Unterrichts erwähnt, das Engartner benennt: Die sechs Schritte vollständiger Handlung erlernen: Informieren, planen, entscheiden, ausführen, kontrollieren und bewerten. Dadurch wird Handlungskompetenz in zwei Bereichen ausgebildet: Einerseits das Vertreten von Interessen, Mei-

---

[8] Vgl. Scherb (1998), S. 178f.
[9] Massing benennt hier zwar nur „das Poltische", allerdings lassen sich seine Ausführungen dazu ebenso auf das Gesamtgesellschaftliche und damit auch auf das Ökonomische beziehen.
[10] Vgl. Massing (1998), S. 156f.
[11] Vgl. Scholz (1999), S. 194f.
[12] Vgl. Massing (1998), S. 149.

nungen und Ansichten, andererseits die Nutzung von Angeboten verschiedener gesellschaftlicher Einrichtungen.[13]

2. Ebene der Lehr- und Lernbedingungen

Hier geht es sowohl um die außerschulischen als auch um die innerschulischen Bedingungen.

Außerschulisch ist festzuhalten, dass sich unsere Gesellschaft immer mehr wandelt: Durch die heutzutage sehr große Präsenz der Medien machen die Kinder beim Aufwachsen immer weniger Erfahrungen selbst, sondern eignen sich ihre Umwelt nur sekundär über die Medien an. Außerdem beschreibt Engartner noch weitere veränderte Sozialisationsbedingungen hin zu einer Spaß- und Erlebnisgesellschaft, wodurch Kinder weniger sinnhafte Erlebnisse machen. Dem muss die Schule entgegenwirken, indem sie einen Raum bietet, in dem die Schüler selbst Erfahrungen machen können.[14]

Innerschulisch lässt sich sagen, dass gerade die Restriktionen der Institution Schule Handlungsorientierung erforderlich machen: Die Schüler werden oft nur belehrt und ihre Lernmotivation nimmt ab, dem kann handlungsorientierter Unterricht entgegenwirken.

Zuletzt ist zu den Lernbedingungen noch anzumerken, dass es lernpsychologisch gesichert ist, dass die meisten Schüler besser anschaulich-praktisch als abstrakt-verbal lernen.[15]

3. Ebene der Organisation der Lernprozesse

Auf dieser Ebene geht es um die Wahl der Methoden. Handlungsorientierte Methoden liefern fast immer eine bessere Motivation der Schüler im Unterricht, aber das ist nicht das Wichtigste: Handlungsorientierte Methoden müssen den Zielen des PoWi-Unterrichts dienlich sein. Das sind sie auf zweierlei Weise: Einerseits fördern sie die Kompetenzen der Schüler, die diese in der Schule benötigen, andererseits ist ein klarer Kompetenzgewinn für das spätere Leben als Bürger zu erkennen.[16] Auch Scholz sieht Handlungsorientierung als ein didaktisch-methodisches Grundelement im PoWi-Unterricht: Hierbei wird der in PoWi wichtige Dreischritt *Sehen – Beurteilen – Handeln* besonders in den Mittelpunkt gerückt.[17]

Zusammenfassend lässt sich sagen, dass es eine große Anzahl an Gründen gibt, handlungsorientierten Unterricht zu halten. Viele dieser Gründe lassen sich in die drei beschriebenen Ebenen einordnen, und es ist eine große Herausforderung für die Lehrer, alle Mittel, Ziele und Inhalte gut aufeinander abzustimmen.

---

[13] Vgl. Engartner (1998), S. 95.
[14] Vgl. ebd., S. 97f.
[15] Vgl. Massing (1998), S. 150f.
[16] Vgl. ebd., S. 151.
[17] Vgl. Scholz (1998), S. 193.

2.3 Kritik

Wie zu sehen war, existieren also gute Gründe, die für den Einsatz von handlungsorientierten Methoden sprechen – allerdings gilt es auch, die andere Seite zu betrachten. Denn es gibt durchaus auch Stimmen, die sich gegen (zu viel) Handlungsorientierung aussprechen. Deren Argumente lassen sich in drei Kategorien teilen: Organisatorische, ausbildungstechnische und inhaltliche. Organisatorische Gründe kritisieren die Rahmenbedingungen: Die 45-Minuten-Taktung im Unterricht ist zu kurz für sinnvolles Handeln, der Aufwand ist zu groß und sonstige institutionelle Beschränkungen schaffen schlechte Voraussetzungen. Wichtiger wiegt nach Massing aber noch der ausbildungstechnische Kritikpunkt: Die Lehrer sind in ihrem Studium/Referendariat nicht gut auf handlungsorientierten Unterricht vorbereitet worden und deshalb in der Regel mit den hohen Anforderungen überfordert, die dieser Unterricht an sie stellt. Dadurch orientieren sie sich oft nur an den Methoden, die sie als handlungsorientiert kennen gelernt haben, beachten aber nicht, dass sich durch Methoden Inhalte verändern können oder oft zumindest vereinfacht werden.[18] Womit wir auch schon beim dritten größeren Kritikpunkt sind: dem Inhaltlichen. Es wird oft angemerkt, dass der Wissenserwerb bei handlungsorientiertem Unterricht in den Hintergrund tritt. Die Gefahr ist, dass Schüler in ihrer Motivation, zu handeln, lediglich dies tun, und Reflexion über die Handlungen genauso in den Hintergrund rückt wie der Erwerb von Hintergrundwissen. Außerdem vereinfachen viele der Methoden zwangsweise die komplexe Realität – dies kann zu einem falschen Bild von gesellschaftlichem Handeln, von der Realität führen.[19]

2.4 Zwischenfazit

Insgesamt lässt sich mehr Handlungsorientierung im Unterricht positiv bewerten: Die Vorteile sind ausführlich dargestellt worden und die organisatorischen sowie inhaltlichen Schwierigkeiten können durch eine gute Lehrkraft kompensiert werden.

Leider gibt es aber eine große Kluft zwischen der didaktischen Theorie und der Unterrichtspraxis: Es gibt „eine deutliche Diskrepanz zwischen der Bedeutung, die handlungsorientierter Unterricht im Unterricht einnimmt, und dem Stellenwert, den er in der fachdidaktischen und curricularen Diskussion hat".[20] Die Realität sieht nämlich wie folgt aus: Lehrerzentrierter Unterricht, Nürnberger Trichter, voller Unterrichtsplan, Lernen nur für Klassenarbeiten und viele Punkte mehr, die entgegen einem handlungsorientiertem Unterricht stehen. Dabei wünschen sich nach einer Studie sowohl Schüler als auch Lehrer einen Unterricht mit mehr Handlungsorientierung und den Schülern als Co-Konstrukteuren des Unterrichts.[21]

---

[18] Vgl. Massing (1998), S. 152ff.
[19] Vgl. Jöckel (o.J.), Online.
[20] Scholz (1998), S. 192.
[21] Vgl. ebd., S. 198.

Im Folgenden soll nun eine Methode vorgestellt werden, die genau dies erreichen will: Schüler in Aktion, die reales Handeln in der Schule erfahren und den Unterricht nach ihrem Interesse mitgestalten – die Schülerfirma. Um was es sich dabei handelt, wo die Vor- und Nachteile liegen und ob sie für einen Unterricht dieser Art empfehlenswert ist, wird im nächsten Kapitel ausführlich vorgestellt.

3 Die Schülerfirma

Die Schülerfirma ist ein Konzept, das noch weitgehend unpopulär ist. Somit machen nur wenige Schüler heute die Erfahrung, aktiv an einer Schülerfirma mitzuarbeiten.

3.1 Definition

Aber was ist eigentlich eine Schülerfirma? Zunächst einmal muss zum Begriff gesagt werden, dass es in der Literatur noch keine Einigkeit gibt: Schülerfirma, Juniorfirma und Juniorenfirma (oft auch für auszubildenden Kaufleute) bezeichnen in der Regel die gleiche Sache, abzugrenzen sind sie jedoch von rein simulativen Lernmethoden wie der Übungsfirma und dem Lernbüro, die gerne in der kaufmännischen Ausbildung eingesetzt werden. Da sich diese Hausarbeit auf den PoWi-Unterricht an Gymnasien bezieht, möchte ich mich im Weiteren auf den Begriff der Schülerfirma beschränken.

Birgit Weber liefert eine Definition für Schülerfirmen, die auch von anderen Autoren gerne aufgegriffen wird:

„Schülerfirmen sind von Schülerinnen und Schülern organisierte ökonomisch agierende Einrichtungen, die Produkte und Dienstleistungen für einen anonymen Markt anbieten und dabei mindestens Kostendeckung, in der Regel aber Gewinne anstreben und ein gewisses, in der Regel begrenztes Risiko tragen. Sie sind arbeitsteilig organisierte soziale Gebilde, was gegenseitige Abhängigkeiten schafft. Indem sie echte Waren und Dienstleistungen verkaufen, stellen sie ökonomisch gesehen echte Firmen da, angesichts des geschützten Rahmens gelten sie rechtlich lediglich als pädagogische Projekte."[22]

Eine Allgemeingültigkeit dieser Definition ist allerdings nicht gegeben: Schülerfirmenkonzepte sind extrem vielfältig, jeder hat leicht andere Vorstellungen. Dies ist auch Weber bewusst – auch in ihrem Versuch, Schülerfirmen zu definieren, sind viele offene Formulierungen, die kaum etwas ausschließen. Diese Flexibilität wird aber von einigen sogar als Vorteil gesehen.[23]

---

[22] Hedtke; Weber (2008), S. 280.
[23] Vgl. Krause (2011), S. 9.

3.2 Erste Einordnung der praktischen Umsetzungsmöglichkeiten

Es gibt – wie schon anhand der Flexibilität der Definition ersichtlich ist - viele verschiedene Möglichkeiten, eine Schülerfirma in den Schulalltag einzubinden. Diese unterscheiden sich beispielsweise in der Dauer der Existenz der Schülerfirma (entweder zeitlich begrenzt mit fester Besetzung oder zeitlich unbegrenzt), der Zusammensetzung (jeder der möchte, begrenzt auf eine Klasse oder sogar die gesamte Klasse) und dem Alter der teilnehmenden Schüler, ob ein Lohn gezahlt wird, inwieweit eine Verbindung zum Unterricht hergestellt wird (beispielsweise als vom Unterricht unabhängige AG oder als Teil des Unterrichts) und welche Rechtsform gewählt wird (dazu später mehr).

Leider muss hier für den PoWi-Unterricht, auf den sich diese Hausarbeit beziehen soll, bereits eine Einschränkung vorgenommen werden: Es ist an allgemeinbildenden Gymnasien im PoWi-Unterricht kaum möglich, eine Schülerfirma das ganze Jahr über im Unterricht zu betreuen und inhaltlich darauf einzugehen. Dazu ist der Lehrplan zu wenig auf ökonomische Inhalte ausgelegt; ein solches Schülerfirmenkonzept kann gut an beruflichen Schulen umgesetzt werden, in denen viele verschiedene Fächer die praktischen Probleme der Schülerfirma im Unterricht aufgreifen können.[24] Wie eine Schülerfirma an einem Gymnasium aussehen kann, soll später noch betrachtet werden.

3.3 Ablauf

Nun wurde viel darüber geschrieben, was unter einer Schülerfirma zu verstehen ist und wie variabel sie ist – im Folgenden soll eine Übersicht zum praktischen Ablauf einer Schülerfirma gegeben werden. Natürlich gibt es auch hier nicht ein festes Konzept, das verfolgt werden muss, daher wurde versucht, in diesem Kapitel Ansichten von verschiedenen Autoren zusammenzufügen und so eine gute und umfassende grundlegende Ablaufgestaltung wiederzugeben.

Der grobe Ablauf folgt dabei dem ‚Prinzip des vollständigen Handlungsablaufes': planen, durchführen, kontrollieren. Nach Gudjons braucht ein handlungsorientierter Unterricht dieses Prinzip, damit den Schülern Wissen und Kompetenzen vermittelt werden.[25]

Dieser Ablauf ist auch bei Webers Einteilung ersichtlich, die den Prozess der Schülerfirma in fünf Phasen untergliedert:

---

[24] Mathes beschreibt in seinem Artikel auf Seite 85f ein Konzept einer solchen Firma. Dabei müssen die Schüler schon vor Eintritt in die Schule entscheiden, ob sie Teil einer Schülerfirma sein wollen – alle, die dies gewählt haben, kommen dann in eine Klasse. Dies gibt den Lehrern dieser Klasse die Möglichkeit, die Probleme der Schülerfirma ideal im Unterricht zu behandeln, dies sogar über alle Fächer hinweg.
[25] Das Prinzip des vollständigen Handlungsablaufes besteht aus drei Phasen:
1. Planung: Enthält Motivation, Ziel der Handlung sowie einen Aktionsplan.
2. Durchführung: In Umsetzung des Aktionsplans ergeben sich neue Organisations- und Lernprozesse. Dabei besteht ein wechselseitiger Zusammenhang zwischen Planung und Durchführung.
3. Handlungskontrolle: Sollte eigentlich immer stattfinden, am Ende jeder kleineren Handlungseinheit und auch schon vorausschauend. Es wird nach Fehlern gesucht sowie nach Lernzuwächsen.
Vgl. König et al. (2013), S. 24f.

1. Planungsphase:

Zu Beginn einer jeden Schülerfirma steht die Geschäftsidee. Diese kann entweder durch eine entdeckte Marktlücke, besondere Fertigkeiten der teilnehmenden Schüler oder einfach deren Interesse entstehen. Verschiedene Ideen sollen gesammelt und in ihrer Umsetzbarkeit überprüft werden – dazu sollte eine Marktanalyse durchgeführt werden.[26] Diese muss sowohl aus einer Konsumentenumfrage (Dienstleistung, Handel oder Produktion? Was wollen die Leute, wer ist die Zielgruppe? Gibt es noch einen Bedarf an dem Produkt?) als auch aus einer Lieferantenanalyse (sofern Lieferanten benötigt werden – wo können die Vorprodukte bestellt werden, für welchen Lieferanten entscheiden wir uns aus welchem Grund?) bestehen.[27]

Das wichtigste Handlungsprodukt in der Planungsphase ist der Businessplan – ein Geschäftsplan, in dem die unternehmerische Idee [...] niedergeschrieben [...] wird[28]. Dieser hat eine Vielzahl von Funktionen: Er ist Grundlage für die spätere Reflexion, er soll mögliche Geschäftspartner und Aktionäre überzeugen und er soll helfen, unangenehme Überraschungen durch gute Planung zu vermeiden.[29]

2. Gründungsphase

Spätestens hier ist es wichtig, dass für die Schülerfirma Name und Logo gefunden werden, die ansprechend sind und zur Leistung des Unternehmens passen. Die Gründungsphase ist diejenige, in der am meisten organisiert werden muss. Zunächst einmal müssen die nötigen Voraussetzungen geklärt werden: Es muss eine Erlaubnis bei der Schulleitung eingeholt werden[30] und bei Minderjährigkeit der teilnehmenden Schüler auch die Erlaubnis der Eltern. Außerdem muss ein Bankkonto eröffnet und Grundkapital beschafft werden – zum Beispiel durch den Verkauf von simulierten Aktien oder durch Einbringung von Eigenkapital. Des Weiteren können Partner aus der Wirtschaft gesucht werden, die die Schülerfirma mit ihrem Wissen und Kontakten unterstützen. Auch erste Marketingbemühungen gehören in die Gründungsphase – das Unternehmen muss der Zielgruppe bekannt gemacht werden.[31] Wichtig ist außerdem die Klärung von Raumfragen innerhalb des Schulgebäudes.[32]

Besondere Beachtung verdient in dieser Phase die Wahl der Rechtsform: Eine Schülerfirma, die als pädagogisches Projekt von der Schulleitung bestätigt wird, muss sich nicht ins Handelsregister oder beim Gewerbeaufsichtsamt eintragen lassen und auch keine Steuern zahlen, sofern Umsatz und Gewinn unter gewissen Grenzen bleiben – diese

---

[26] Vgl. Weber (2007), S. 191f.
[27] Vgl. Holten (2004), S. 19ff.
[28] Vgl. König et al. (2013), S. 122.
[29] Vgl. Weber (2007), S. 192f.
[30] Durch die Anerkennung der Schulleitung als Schulprojekt ist die Schülerfirma (in gewissen Umsatzgrenzen) nicht umsatz- und körpersteuerpflichtig sowie über eine Gemeindeunfallversicherung abgesichert.
[31] Vgl. Weber (2007), S. 193f.
[32] Vgl. König et al. (2013), S. 64.

können aber in der Regel von Schülerfirmen kaum überschritten werden. Als simulierte Rechtsform bieten sich beispielsweise eine Schüler-AG oder eine Schüler-GmbH an – sie sind der realen Unternehmensform nachempfunden und erhöhen die Realitätsnähe.[33] Ein letzter großer Punkt, der betrachtet werden muss, ist der Entwurf einer Aufbau- sowie Ablauforganisation. Für die Aufbauorganisation sollte ein Organigramm[34] erstellt werden: In ihm wird festgehalten, welche Abteilungen die Schülerfirma hat und wer in diesen arbeitet. Die andere Seite der Medaille ist die Ablauforganisation: Hier sollten die Arbeitsschritte festgehalten werden, die für die Leistungserstellung nötig sind.[35] Ein möglicher Aufbau einer Schülerfirma könnte wie folgt aussehen:

Abb. 2: Abteilungen einer Schülerfirma

Abteilungen einer Schülerfirma

Geschäfts-führung	Finanzabteilung	Einkauf/ Produktion	Verkauf	Werbung
● Verteilung von Verant-wortung	● Buchführung (Ausgaben/ Einnahmen)	● Organisation des Einkaufs	● Organisation des Verkaufs	● Werbung
● Leitung und Einberufung von Sitzungen	● Bank-geschäfte	● Herstellung von Produkten		
● Öffentlich-keitsarbeit	● Finanzbericht			

Sekretariat	Personalabteilung
Verwaltungsarbeiten	Arbeitsverträge und Arbeitspläne
Briefe	Einstellungen und Kündigungen

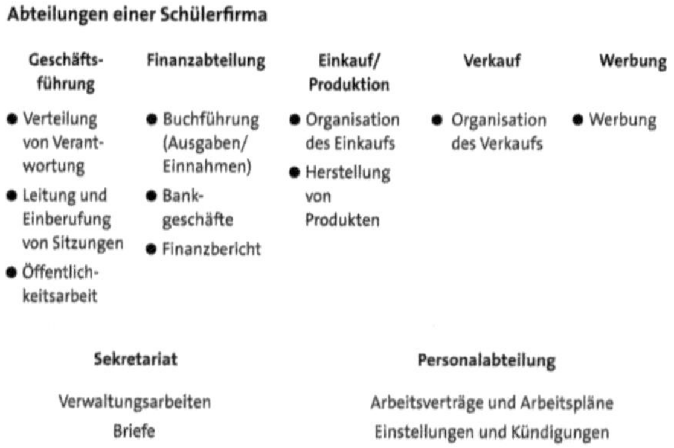

Quelle: Weber (2007), S. 196.

3. Geschäftsphase

In der dritten Phase steht das alltägliche Arbeiten im Vordergrund. Dabei ist es wichtig, dass die Abläufe immer effizienter werden: Die Organisation der Abteilungen, der Prozesse, der Kommunikation und der Entscheidung existieren zwar schon, sollen aber immer weiter hinterfragt und verbessert werden.[36]

Außerdem muss – falls den Mitarbeitern ein Lohn gezahlt wird – eine Art Arbeitszeiterfassung und - in produzierenden Unternehmen - eine Form von Lagerkartei und Verkaufslisten eingerichtet werden.[37]

Was in der Geschäftsphase ebenfalls ansteht, sind regelmäßige Firmenversammlungen, in denen über das weitere Vorgehen beraten wird und Probleme gelöst werden. Dabei wird in der Regel demokratisch entschieden, sämtliche Entscheidungen sollten in Protokollen festgehalten werden.[38]

---

[33] Vgl. König et al. (2013), S. 37.
[34] Ein Organigramm meint eine Darstellung der Unternehmenshierarchie.
[35] Vgl. Holten (2004), S. 23ff.
[36] Vgl. Weber (2007), S. 195.
[37] Vgl. Holten (2004), S. 59.
[38] Vgl. ebd., S. 61.

4. Auswertungsphase

Die Auswertungsphase findet am Ende eines Jahres statt – entweder wird die Schülerfirma in diesem Zusammenhang aufgelöst oder sie dient der Kontrolle und Neuausrichtung der Firma. Zum einen muss dafür ein Geschäftsbericht erstellt werden. Dieser enthält alles, was im vergangenen Jahr angefallen ist sowie eine abschließende Gewinn- und Verlustrechnung. Zum anderen wird – in Kapitalgesellschaften, wie es oft der Fall ist – eine Gesellschafterversammlung einberufen, in der der Geschäftsbericht präsentiert und über die Gewinnverwendung entschieden wird (Re-Investition, Auszahlung, Spende...).[39]

5. Reflexionsphase

In der letzten Phase, in der nicht mehr praktisch gehandelt wird, sollen Kompetenzzuwächse festgestellt und ein Abgleich mit den Zielen durchgeführt werden. Dazu unterscheidet Weber vier verschiedene Ebenen, auf denen reflektiert werden muss:

1. Ergebnisse mit Zielsetzung vergleichen & Gesamtleistung der Schülerfirma einordnen

2. Ökonomische Grundbegriffe sichern

3. Vergleiche zu professionellen Unternehmen ziehen (auch in gesellschaftlichen Zielen wie Nachhaltigkeit)

4. Individuelle Stärken und Schwächen herausfinden[40]

Gerade bei dem letzten Punkt, der die Kompetenzen der Schüler in den Mittelpunkt rückt, sind wir an der Frage angelangt: Welche Vorteile bringt die Durchführung einer Schülerfirma, die offensichtlich sehr aufwändig ist, wieso sollte sie als Methode im PoWi-Unterricht eingesetzt werden und was sind die didaktischen Hintergründe? Dies soll im nächsten Abschnitt geklärt werden.

3.4 Didaktische Überlegungen

3.4.1 Ziele

Die Ziele, die mit der Gründung einer Schülerfirma verfolgt werden, sind vielfältig – es lässt sich nicht ein konkretes Ziel festlegen, sondern es können zumindest vier große Ziele benannt werden: Persönliche Selbstständigkeit, ökonomische Bildung, berufliche Orientierung und Gründungserziehung, wobei die letzten beiden Punkte auch zusammengefasst werden können.

Dabei fällt unter persönliche Selbstständigkeit die Entwicklung überfachlicher Kompetenzen ebenso wie methodischer und sozialer Kompetenzen. Dafür bietet die Schülerfirma jede Menge Möglichkeiten: Die Schüler müssen „planen, miteinander arbeiten, mit ihren Mitschülern Ergebnisse aushandeln und sich in der Auseinandersetzung mit Menschen außerhalb der Schule bewähren".[41] Außerdem lernen sie, ihre Ergebnisse zu präsentieren und für ihr

---

[39] Vgl. Weber (2007), S. 196.
[40] Vgl. ebd., S. 196f.
[41] Weber (2007), S. 186.

Handeln Verantwortung zu übernehmen. Insgesamt benennt Weber folgende Unterpunkte zu persönlicher Selbstständigkeit: Eigeninitiative, Verantwortungsbewusstsein, Kommunikations-, Präsentations-, Innovations-, Planungs-, Analyse- und Kooperationsfähigkeit, Kreativität, Risikobereitschaft sowie Projektmanagement. [42] Andere Autoren nennen diese Fähigkeiten und Eigenschaften auch Schlüsselkompetenzen - diese können durch reales Handeln sehr viel besser erlernt werden, als in theoretischem oder simulativem Unterricht[43], aber später mehr zu den Stärken von Schülerfirmen. So lassen sich – in Ergänzung zu Weber – noch weitere Schlüsselqualifikationen nennen, die durch die Schülerfirma gefördert werden: Leistungsbereitschaft, Zuverlässigkeit, Teamfähigkeit, Zielstrebigkeit sowie Belastbarkeit.[44]

Natürlich hat eine ökonomische Methode wie die Schülerfirma auch Ziele in der ökonomischen Bildung – dabei geht es nicht nur um die ökonomische Sachkompetenz (natürlich sollten die Schüler auch grundlegende Wirtschaftszusammenhänge und Begriffe lernen[45]), sondern auch um andere ökonomische Kompetenzen. Weber nennt beispielsweise in der Reflexionsphase der Schülerfirma ökonomische Handlungs-, Urteils- und Entscheidungskompetenz.[46] Gerade die Handlungskompetenz durch die (handlungsorientierte) Schülerfirma wird von Weber auf Grundlage der Kompetenzbereiche ökonomischer Bildung der Deutschen Gesellschaft für ökonomische Bildung (DeGÖB) weiter ausgeleuchtet: Sie definiert sieben Ziele zur Förderung ökonomischer Handlungskompetenz durch Schülerfirmen:

1. Ökonomische Grundbegriffe lernen und anwenden
2. Unternehmen als Orte der Gütererstellung und Einkommensentstehung verstehen
3. Rolle, Funktion, Interessen und Beziehungen ökonomischer Akteure verstehen
4. Kosten-Nutzen-Analysen erstellen und unter Abwägung verschiedener Perspektiven anwenden
5. Ökonomisch soziale und ökonomisch ökologische Konflikte erkennen und analysieren
6. Chancen und Risiken von Selbstständigkeit erkennen
7. Erfahrungen in Schülerfirma mit realen Unternehmen vergleichen[47]

Insgesamt lässt sich sagen, dass der Erwerb von Handlungskompetenz das wohl umfassendste und damit wichtigste Ziel von Schülerfirmen ist.

Das Dritte der genannten Ziele ist die berufliche Orientierung. Ein Einblick in die Arbeitswelt ist vor allen Dingen für Jugendliche mit schlechteren Ausgangsbedingungen wertvoll, da sie

---

[42] Vgl. Weber (2007), S. 186f.
[43] Vgl. Mathes (1991), S. 84f.
[44] Vgl. Krause(2011), S. 8.
[45] Vgl. ebd., S. 8.
[46] Vgl. Weber (2007), S. 197.
[47] Vgl. ebd., S. 188f.

besser darauf vorbereitet werden, was künftige Arbeitgeber von ihnen erwarten. Außerdem können durch die arbeitsteilige Organisation der Schülerfirma die teilnehmenden Schüler Einblicke in mehrere Berufe bekommen – zumeist natürlich kaufmännische, aber auch hier gibt es in Verwaltung, Marketing oder Personalabteilung eine große Varianz. Außerdem werden nicht nur die Jobs als (kaufmännische) Angestellte kennengelernt, auch die Selbstständigkeit als Berufsweg rückt in den Fokus der Schüler.[48]

Dies hängt eng mit dem vierten Ziel zusammen, welches ich dennoch als eigenständig ansehe, da es nicht als ein personenbezogenes Ziel, sondern als ein gesellschaftliches zu betrachten ist: die Entrepreneurship Education[49], zu Deutsch Gründungserziehung. Dabei steht der wirtschaftspolitische Gedanke im Vordergrund, dass wir für den Erhalt unserer Wirtschaft mehr Unternehmen und damit mehr Existenzgründer brauchen. Schülerfirmen liefern ein sehr gutes Instrument zur „Stimulation unternehmerischer Haltungen und Fähigkeiten"[50] Außerdem werden – wieder unter Berufung auf die ökonomischen Kompetenzen nach der DeGÖB - die Schaffung einer Wertebasis (Wertschätzung des Unternehmens im Wirtschaftsprozess unter Beachtung von Nachhaltigkeit und wirtschaftsethischen Aspekten), ökonomische Kreativität (Innovationsfähigkeit), Entscheidungsfähigkeit (trotz unvollständiger Informationen), betriebswirtschaftliches Methodenwissen und Persönlichkeitskompetenz (hier vor allem Führungskompetenz) als Ziele von Gründungserziehung formuliert – für all dies ist das reale unternehmerische Handeln in Schülerfirmen eine gute Grundlage.[51]

3.4.2 Flexibilität

An dieser Stelle muss kurz etwas über die Flexibilität der Methode Schülerfirma gesagt werden. Wie in Abschnitt 3.2 schon dargestellt, gibt es viele verschiedene Möglichkeiten, eine Schülerfirma umzusetzen und in den Schulalltag einzubinden. Dies kann als eine große Stärke gesehen werde, da jede Schule andere Möglichkeiten und Voraussetzungen hat, eine Schülerfirma zu implementieren.[52]

Allerdings macht es dies für diese Hausarbeit schwer, im Folgenden die Vor- und Nachteile allgemein darzustellen, da jede Variante leichte Unterschiede in ebendiesen aufweist. Es wird also versucht werden, auf die Unterschiede hinzuweisen, jedoch soll hier auch angemerkt werden, dass dies nicht in Vollständigkeit geschehen kann und daher die beiden folgenden Abschnitte nicht in Gänze für alle Varianten der Schülerfirma gelten.

---

[48] Vgl. Weber (2007), S. 185f.
[49] Defnition nach König et al., S. 13: „Entrepreneurship Education ist die Entwicklung von unternehmerischen Persönlichkeiten, die zu innovativen Unternehmensgründungen und Mitunternehmertum befähigt werden."
[50] Weber (2007), S. 185.
[51] Vgl. König et al. (2013), S. 16f.
[52] Vgl. Krause (2011), S. 9.

3.4.3 Gründe für Schülerfirmen

Zunächst sollen die Argumente näher beleuchtet werden, die für einen Einsatz der Methode Schülerfirma in der Schule sprechen. Da die Gründe für Schülerfirmen als handlungsorientierte Methode natürlich den bereits beschriebenen Gründen für Handlungsorientierung im Unterricht in vielen Fällen ähneln, soll dieser Teil eher kurz gehalten werden und ist ergänzend gemeint.

Auch die Ziele und Gründe von Schülerfirmen hängen natürlich eng zusammen – davon ausgehend, dass die Ziele erreicht werden, ist natürlich schon die Vielfalt der Ziele ein Vorteil von Schülerfirmen. Davon gehen zum Beispiel König et al. aus, die beschreiben, dass durch eine Schülerfirma zahlreiche fachliche und überfachliche Kompetenzen gefördert werden. Auch ein Lehrer berichtet aus seinen Erfahrungen:

„Der Zuwachs an Kompetenz und Fachwissen bei den Schülern ist durch einen traditionellen Unterricht sicher nicht in diesem Maße zu erwarten. Besonders beeindruckend waren die Fortschritte der Schüler im persönlichen Bereich (Sicherheit im Auftreten, Einsicht in die Bedeutung der Teamarbeit und der Wichtigkeit von Genauigkeit und Zuverlässigkeit, da sonst der Firmenerfolg gefährdet wäre, Erkennen und Übernehmen von Verantwortung für überschaubare Bereiche usw.)"[53]

Ein großer Vorteil gegenüber eigentlich allen anderen Methoden (abgesehen von Projektwochen) ist der Fakt, dass Schülerfirmen reales Handeln ermöglichen. Dadurch können die oben genannten Kompetenzen besonders gut ausgebildet werden und gelernte Inhalte werden besser behalten, da Theorie und Praxis idealerweise eng verknüpft werden.[54]

Eng in Verbindung mit den erworbenen Kompetenzen stehen die vielfältigen Erfahrungen, die die Schüler im Verlauf des Geschäftsjahres machen. Diese reichen von sozialer Interaktion über die Abhängigkeit der Abteilungen voneinander und Umgang mit knappen Ressourcen bis hin zur Unbeständigkeit der Einnahmen und damit der Unsicherheit über Erfolg oder Misserfolg.[55]

Außerdem hat das Konzept Schülerfirma auch für Lehrer einige Vorteile: Wenn die Schülerfirma im Rahmen des Unterrichts gegründet und betreut wird, verlangt es trotz größerem Umfang doch weniger Aufwand und erfordert weniger Vor- und Nachbereitung, als dies bei Projekten der Fall wäre, die in Projektwochen durchgeführt werden. Dies liegt auch daran, dass der Lehrer in der Schülerfirma nur eine beratende Funktion hat und nicht selbst aktiv wird. Ist die Schülerfirma dauerhaft angelegt, nimmt der Arbeitsaufwand noch mehr ab, da nicht jedes Jahr die aufwändige Gründungsphase durchlaufen werden muss. Des Weiteren haben die Schüler durch ihr reales Handeln und dadurch, dass sie Ergebnisse ihrer Handlungen erkennen können, eine (intrinsische) Motivation, mitzuarbeiten – dies wirkt sich auch

---

[53] Kociubski (2005), Online.
[54] Vgl. König et al. (2013), S. 19.
[55] Vgl. Weber (2007), S. 192.

positiv auf andere Schulfächer aus, da die Schüler sich generell motivierter in der Schule bewegen.[56]

3.4.4 Kritik am Konzept

Selbstverständlich müssen im Zuge einer umfangreichen Betrachtung der Schülerfirma auch die Schwächen der Methode betrachtet werden.

Hier lassen sich natürlich auch die generellen Probleme handlungsorientierter Methoden wiedererkennen: Die Lehrer müssen eine hohe Kompetenz mitbringen, um die Schüler in ihren Entscheidungen beraten und die Praxis mit theoretischem Wissen hinterlegen zu können, außerdem ist die Schülerfirma gerade in der Gründungsphase organisatorisch sehr (zeit-)aufwändig. Generell muss gesagt werden, dass Schülerfirmen einen großen Aufwand darstellen, für Lehrer ebenso wie für Schüler. Es wurde zwar als Vorteil angemerkt, dass der Lehrer eher passiv ist und daher nicht so viel zu tun hat wie bei anderen Projekten, nichtsdestotrotz erfordert die Schülerfirma einen hohen Zeitaufwand und Einsatz des Lehrkörpers. Außerdem ist anzumerken, dass - gerade bei dauerhaft angelegten Schülerfirmen - die Gefahr vorhanden ist, dass sich ein bloßes Arbeiten einstellt, wobei unternehmerisches Handeln und damit auch der Kompetenzzugewinn kaum noch vorhanden wären.

Ein weiteres Problem kann – je nach Rechtsform und Geschäftsidee – die Kapitalbeschaffung am Anfang des Jahres sein. Außerdem ist zwar eine reales Handeln vorhanden, aber es gibt durchaus noch einige Unterschiede zu realen Unternehmen: In der Regel sind Risiken und Kosten der Schülerfirmen begrenzt, zum Beispiel dadurch, dass in der Regel keine oder wenig Lohn- und Raumkosten gezahlt werden. Dadurch kann sich das Gefühl eines Erfolges einstellen, der in der realen Wirtschaft keiner wäre.[57]

Auf einen Punkt soll an dieser Stelle ganz besonders hingewiesen werden: Die Bildungswirksamkeit kann nur dann gewährleistet werden, wenn auch eine entsprechende Reflexion erfolgt.[58] Auch Mathes vertritt die Meinung, dass das Konzept Schülerfirma ihr volles Potenzial nur dann ausschöpft, wenn es eng in den Unterricht eingebunden wird und dort sämtliches Handeln theoretisch fundiert und reflektiert wird.[59]

4 Das JUNIOR-Programm

Wie in der bisherigen Hausarbeit festgestellt, gibt es gerade in der Planungs- und Gründungsphase einen hohen organisatorischen Aufwand, in dem viele Weichen gestellt und viele Entscheidungen getroffen werden müssen. Um die Gründung von Schülerfirmen zu fördern, haben sich mehrere Organisationen (z.B. die DKJS oder IW JUNIOR) gebildet, die

---

[56] Vgl. Krause (2011), S.8.
[57] Vgl. König et al. (2013), S. 19f.
[58] Vgl. Weber (2007), S. 188.
[59] Vgl. Mathes (1991), S. 85.

den Lehrern bei diesem Vorhaben unter die Arme zu greifen, indem sie ein Rahmenpro-gramm für die Gründung von Schülerfirmen bieten. In dieser Hausarbeit soll am Beispiel von JUNIOR eines dieser Programme näher vorgestellt werden.

Einführung

„JUNIOR ist ein Programm der Institut der deutschen Wirtschaft Köln JUNIOR gGmbH (kurz: IW JUNIOR gGmbH), das Schüler für ein Jahr dabei unterstützt, ein JUNIOR-Unternehmen zu gründen."[60] Dabei werden drei verschiedene Varianten für verschiedene Altersklassen angeboten, die sich in ihrer Komplexität und Realitätsnähe unterscheiden: *JUNIOR basic* (ab Klasse 5), *JUNIOR advanced* (ab Klasse 7) und *JUNIOR expert* (ab Klasse 9).[61] Da sich die drei Programme in einer Vielzahl von Aspekten unterscheiden, soll im Folgenden nur auf JUNIOR expert eingegangen werden – dies ist die Variante, die ein reales Unternehmen am besten simuliert und damit auch den meisten Kompetenzgewinn verspricht.

Organisatorisches

Schülerfirmen, die sich unter dem Dach des JUNIOR-Programms gründen, sind automatisch über JUNIOR sowohl betriebshaftpflicht- sowie gruppenunfallversichert. Auch die Rechtsform ist bereits festgelegt: JUNIOR-Unternehmen agieren als nicht rechtsfähige Vereine.[62] Ob die Schülerfirma im Rahmen des Unterrichts oder als Arbeitsgemeinschaft gegründet wird, schreibt JUNIOR nicht vor.

Ablauf

Planungsphase und Gründungsphase, welche Weber beschreibt, vermischen sich bei JUNIOR zu *einer* Gründungsphase. Diese beginnt mit dem ersten Treffen aller Teilnehmer (mindestens 8 – maximal 15[63]) – dann sollten Geschäftsidee, Name, Vorstandsvorsitzender und Abteilungen des Unternehmen festgelegt werden. Die Geschäftsidee kann selbst festgelegt werden, wobei JUNIOR hier bei einigen Ideen Veto einlegt, wie zum Beispiel bei reinem Weiterverkauf oder bei Essenausgabe.[64] Was die Abteilungen angeht, so gibt es in diesem Punkt keine Vorschriften, allerdings schlägt JUNIOR eine Struktur mit vier Abteilun-gen vor, die jeweils einen Abteilungsleiter haben und als Vorsitzenden den sogenannten Vorstandsvorsitzenden. Diese vier Abteilungen sind Marketing, Verwaltung, Technik und Finanzen.[65]

Ist das geregelt, muss der Schulpate – der Lehrer, der das Projekt begleitet – das JUNIOR-Unternehmen online einschreiben, JUNIOR prüft alles und damit kann der Geschäftsbetrieb fast losgehen. Das Letzte, was in dieser Phase noch erledigt werden muss, ist die Kapitalbe-

---

[60] Vgl. Institut der deutschen Wirtschaft Köln JUNIOR gGmbH (2009), S. 5.
[61] Vgl. Institut der deutschen Wirtschaft Köln JUNIOR gGmbH (2015b), S.1.
[62] Vgl. ebd., S. 1f.
[63] Vgl. Institut der deutschen Wirtschaft Köln JUNIOR gGmbH (2015a)
[64] Vgl. Institut der deutschen Wirtschaft Köln JUNIOR gGmbH (2009), S. 9.
[65] Vgl. ebd., S. 13ff.

schaffung. Die läuft bei JUNIOR über 90 Anteilsscheine, die für je 10€ verkauft werden, das heißt jedes JUNIOR-Unternehmen hat zu Beginn maximal 900€ Startkapital. Dazu muss natürlich auch ein Bankkonto eröffnet werden. Die Gründungsphase schließt mit einer Hauptversammlung ab, zu der alle Anteilseigner (jeder, der einen Anteilsschein gekauft hat) eingeladen werden und auf der Geschäftsidee, Aufbau und Pläne für das Geschäftsjahr präsentiert werden.[66]

Während der Geschäftsphase müssen monatlich Buchführungsunterlagen an die JUNIOR-Geschäftsstelle geschickt werden, außerdem wird jede Sitzung des Unternehmens protokolliert. Dafür ist die Verwaltung zuständig, die sich auch um die Lohnzahlungen kümmert – in JUNIOR-Unternehmen wird jede geleistete Arbeitsstunde mit 0,45€ bzw. 0,55€ entlohnt, je nach Position. Davon geht monatlich noch eine simulierte Steuer ab, die an JUNIOR gezahlt wird.[67]

Des Weiteren finden während des Geschäftsjahres Wettbewerbe statt, die die IW JUNIOR gGmbH ausrichtet. Dabei werden die zehn besten Schülerfirmen des Landes auf den Landeswettbewerb eingeladen, die Sieger dort dürfen sich gegen die Sieger aus den anderen Bundesländern im Bundeswettbewerb messen. Welche JUNIOR-Unternehmen auf den Landeswettbewerb eingeladen werden, wird anhand eines extra dazu eingereichten Geschäftsberichtes entschieden.[68]

In der Auswertungsphase – um die Bezeichnung von Weber zu benutzen - wird das Unternehmen aufgelöst. Dazu wird eine Auflösungsversammlung abgehalten, auf der die Schülerfirma den Anteilseignern Bericht über das vergangene Jahr erstattet, unter anderem mit einer von der Finanzabteilung erstellten Gewinn- und Verlustrechnung sowie einer Bilanz. Außerdem wird den Anteilseignern ihr Anteil wieder ausgezahlt. Dann werden JUNIOR alle erforderlichen Auflösungsdokumente zugestellt, woraufhin alle Mitarbeiter (die im Geschäftsjahr über 50 Stunden gearbeitet haben) ein Teilnehmerzertifikat erhalten.[69]

Fazit

Abschließend lässt sich also zum JUNIOR-Programm festhalten, dass es durch seine vielen Regelungen und festgelegten organisatorischen Entscheidungen zwar einige Pflichten schafft, allerdings auch eine große organisatorische Vereinfachung darstellt, insbesondere was Rechtsform, Startkapital und Versicherungen angeht. Des Weiteren werden mit Pflichten wie den Anteilseigner-Versammlungen und dem Geschäftsbericht, sowie Möglichkeiten wie dem Wettbewerb Tätigkeiten von den Schülerfirmen erwartet, die sonst nicht unbedingt stattfinden und die weitere wertvolle Erfahrungen und Kompetenzzugewinne für die JUNIOR-Unternehmer versprechen.

---

[66] Vgl. Institut der deutschen Wirtschaft Köln JUNIOR gGmbH (2009), S. 10ff.
[67] Vgl. ebd., S. 15f.
[68] Vgl. ebd., S. 22f.
[69] Vgl. ebd., S. 24.

Außerdem muss angemerkt werden, dass nach JUNIOR-Vorgaben keine Reflexionsphase erfolgt – diese sollte natürlich trotzdem durch den betreuenden Lehrer in Angriff genommen werden.

5 Fazit

Im Verlauf dieser Hausarbeit wurde dargestellt, was genau unter einer Schülerfirma zu verstehen ist. Dazu wurde zunächst als didaktisches Prinzip hinter dieser Methode die Handlungsorientierung näher erläutert, ein Prinzip, bei dem die Schüler aktiv an der Unterrichtsgestaltung mitwirken. Dabei wurde festgestellt, dass dieses Prinzip viele Vorteile, aber auch einige Probleme mit sich bringt – hauptsächlich durch den (gerade bei realem Handeln) hohen zeitlichen Aufwand. Außerdem wird immer wieder der mangelnde Wissenszuwachs beklagt.

Die Handlungsorientierung im Hinterkopf wurde das Konzept der Schülerfirma dargestellt. Nach dem Versuch einer Definition, die ebenso flexibel ist wie das Konzept selbst, haben wir uns den Ablauf näher angeschaut, der in fünf Phasen verläuft: Planungsphase, Gründungsphase, Geschäftsphase, Auswertungsphase und Reflexionsphase. Am organisatorisch kompliziertesten ist die Gründungsphase, besondere Bedeutung kommt auch der Reflexionsphase zu, da diese explizit auf die Sicherung der Ergebnisse abzielt und damit für den Wissens- und Kompetenzzuwachs der Schüler sehr wichtig ist. Natürlich sollte auch bereits während der Durchführung, also der Geschäftsphase, die Handlungen der Schüler theoretisch durch die Lehrkräfte hinterlegt werden.

Um herauszufinden, ob die Schülerfirma die Ziele des PoWi-Unterrichts unterstützen kann, haben wir uns Ziele, Stärken und Schwächen des Konzeptes angeschaut. Dabei kann festgehalten werden, dass die umfangreichen Kompetenzzuwächse der Schüler auf überfachlicher als auch auf ökonomischer Ebene gut mit den im Kerncurriculum geforderten Zielen[70] übereinstimmen. Kritisiert wurden an der Schülerfirma ähnliche Punkte, wie auch an Handlungsorientierung insgesamt: Die Probleme liegen in der (mangelnden) Kompetenz des Lehrers, dem organisatorischen Aufwand, der Gefahr stupiden Handelns und in der Kapitalbeschaffung.

Um diesen Kritikpunkten, die durchaus ihre Berechtigung haben, etwas entgegenzusetzen, habe ich im letzten Abschnitt dieser Hausarbeit kurz das JUNIOR-Programm erläutert. Es bietet einen organisatorischen Handlungsrahmen, der einiges an Aufwand verringert, unter anderem bei den Punkten Rechtsform, Versicherung und Kapitalbeschaffung. Die Gefahr des stupiden Handelns bleibt bestehen, doch soll hier festgehalten werden, dass es sich

---

[70] Kompetenzen, die im Kerncurriculum für Gymnasien im Fach PoWi benannt werden:
Überfachliche Kompetenzen: Personale Kompetenz, Sozialkompetenz, Lernkompetenz und Sprachkompetenz
Fachliche Kompetenzen: Analysekompetenz, Urteilskompetenz, Handlungskompetenz und Methodenkompetenz
Vgl. Hessisches Kultusministerium, S. 8ff.

lediglich um eine Gefahr handelt. Wenn sich die betreuenden Lehrkräfte um eine theoretische Aufarbeitung bemühen, was unbedingt getan werden sollte, dann ist auch hier nichts zu befürchten.

Damit stellt sich die auch schon eingangs formulierte Frage: Wie kann das Konzept Schülerfirma als Methode in den PoWi-Unterricht eingebunden werden? Wir haben im Fazit bereits festgestellt, dass es sinnvoll wäre, die Schülerfirma in PoWi zu nutzen, da die didaktischen Ziele des Kerncurriculums gut mit denen der Schülerfirma zusammenpassen. Eine umfassende Einbindung in den Unterricht an allgemeinbildenden Gymnasien (in Form einer Gründung im Unterricht, arbeiten im Unterricht und theoretische Fundierung im Unterricht) ist jedoch problematisch, der Grund dafür wurde bereits angesprochen: Durch die Vorgaben des Landes kann sich nicht ein ganzes Jahr mit den ökonomischen Problemen der Schülerfirma befasst werden, außerdem würden die Schüler zwangsläufig auch außerhalb der Unterrichtszeiten für die Schülerfirma arbeiten müssen. An dieser Stelle kann diskutiert werden, ob die Schülerfirma als Methode anzusehen ist, wenn sie lediglich in Teilen in den Unterricht implementiert werden kann. Ich möchte dabei der Definition von Hilbert Meyer folgen, der Unterrichtsmethoden als „Formen und Verfahren, in und mit denen sich Lehrer und Schüler die sie umgebende natürliche und gesellschaftliche Wirklichkeit unter institutionellen Rahmenbedingungen aneignen"[71], ansieht – demnach würde die Schülerfirma auf jeden Fall als Methode gelten.

An dieser Stelle möchte ich eine Variante vorstellen, wie ich sie mir gut an einem allgemeinbildenden Gymnasium vorstellen könnte, bei der die Schülerfirma aber trotzdem als Methode in den PoWi-Unterricht eingebunden und nicht nur als AG angeboten wird:

Zunächst einmal würde ich eine Gründung innerhalb eines unterstützenden Programms empfehlen, wie das vorgestellte JUNIOR-Programm. Die Gründung sollte dann im Rahmen eines PoWi-Kurses durchgeführt werden: Den Schülern aus dem Kurs wird dabei angeboten, auf freiwilliger Basis (aufgrund des zeitlichen Mehraufwandes) eine Schülerfirma zu bilden, die von dem Lehrer außerhalb des Unterrichts betreut wird. Dabei könnten im Unterricht die lehrplankonformen Themen am Beispiel der Schülerfirma besprochen werden – da alle Teilnehmer der Schülerfirma aus dem gleichen Kurs kommen, würden alle von der Aufarbeitung im Unterricht profitieren. Außerdem wären die Schüler, die sich an der Schülerfirma beteiligen, im Unterricht zusätzlich motiviert, da sie das Gelernte direkt für sich persönlich als relevant ansehen und die Schüler, die den Kurs besuchen, ohne an dem JUNIOR-Unternehmen mitzuwirken, hätten keinen Nachteil, da sie sich ganz normal am Unterricht beteiligen könnten. Damit diese Idee funktioniert, wäre allerdings ein engagierter Kurs vonnöten, um genug Schüler zusammenzubekommen, womöglich wäre ein Leistungskurs hier ideal.

---

[71] Meyer (1987), S. 45.

6 Literaturverzeichnis

Monographien, Sammelbände und Artikel:

Breit, Gotthard: Handlungsorientierung im Politikunterricht, in: Breit, Gotthard; Schiele, Siegfried (Hrsg.): Handlungsorientierung im Politikunterricht, Schwalbach/Ts. 1998, S. 101-127.

Bundesministerium für Wirtschaft und Technologie: Unternehmergeist in die Schulen?! Ergebnisse aus der Inmit-Studie zu Entrepreneurship Education-Projekten an deutschen Schulen, Berlin 2010.

de Haan, Gerhard et al.: Nachhaltige Schülerfirmen. Eine Explorationsstudie, Berlin (o.J.)

Engartner, Tim: Didaktik des Ökonomie- und Politikunterrichts, Paderborn 2010.

Hedtke, Reinhold; Weber, Birgit (Hrsg.): Wörterbuch ökonomische Bildung, Schwalbach/Ts. 2008.

Hessisches Kultusministerium: Bildungsstandards und Inhaltsfelder. Das neue Kerncurriculum für Hessen, Wiesbaden (o.J.).

Holtel, Carsten: Wir gründen eine Schülerfirma!, Oldenburg 2004.

Institut der deutschen Wirtschaft Köln JUNIOR gGmbH: Handbuch. Unternehmer für ein Jahr, Köln 2009.

König, Hannes et al.: Die Schülerfirma. Didaktischer Leitfaden zur Existenzgründung, Schwalbach/Ts. 2013.

Krause, Kurt: Die Schülerfirma. Fit machen fürs Berufsleben, Starnsried 2011.

Massing, Peter: Lassen sich durch handlungsorientierter Politikunterricht Einsichten in das Politische gewinnen?, in: Breit, Gotthard; Schiele, Siegfried (Hrsg.): Handlungsorientierung im Politikunterricht, Schwalbach/Ts. 1998, S. 144-160.

Mathes, Claus: Die Firma in der Schule, in: Wirtschaft und Erziehung, 43. Jg (1991), Heft 3, S. 84-88.

Meyer, Hilbert: Unterrichtsmethoden. 1. Theorieband, Frankfurt a. M. 1987.

Reinhardt, Sibylle: Was ist Handeln? „Handlungsorientierung" und/oder „Wissenschaftspropädeutik", in: Breit, Gotthard; Schiele, Siegfried (Hrsg.): Handlungsorientierung im Politikunterricht, Schwalbach/Ts. 1998, S. 161-169.

Scherb, Armin: Handlungsorientierung: Ermöglichende Bedingung sinn-voller politischer Bildung, in: Breit, Gotthard; Schiele, Siegfried (Hrsg.): Handlungsorientierung im Politikunterricht, Schwalbach/Ts. 1998, S. 177-186.

Scholz, Lothar: Handlungsorientierung und Alltagspraxis des politischen Unterrichts, in: Breit, Gotthard; Schiele, Siegfried (Hrsg.): Handlungsorientierung im Politikunterricht, Schwalbach/Ts. 1998, S. 187-202.

Weber, Birgit: Schülerfirmen als Gegenstand und Methode ökonomischer Bildung, in: Reztmann, Thomas (Hrsg.): Methodentraining für den Ökonomieunterricht, Schwalbach/Ts. 2007, S. 185-198.

Internetquellen:

Handelskammer Hamburg: Mehr Wirtschaft im Schulunterricht!, Online: http://www.hk24.de/aus_und_weiterbildung/schule/schulpolitik/355160/oekonomi.html, Stand: 14.02.2015.

Institut der deutschen Wirtschaft Köln JUNIOR gGmbH: Basisinfos Junior Expert, 2015a, Online: http://www.junior-programme.de/de/programme/junior-expert/basisinfos/, Stand: 12.02.2015.

Institut der deutschen Wirtschaft Köln JUNIOR gGmbH: Übersicht Schülerfirmenprogramme, 2015b, Online: http://www.junior-programme.de/fileadmin/user_upload/iw_junior_allgemein/UEbersicht_Schuelerfirmenprogramme.pdf, Stand: 12.02.2015.

Jöckel, Peter: Für ein pragmatisches Verständnis von Handlungsorientierung im Politikunterricht, Online. http://www.sowi-online.de/praxis/methode/ein_pragmatisches_verstaendnis_von_handlungsorientierung_politikunterricht.html, Stand: 12.02.2015.

Kociubski, Heinz: Juniorfirma – Ein Erfahrungsbericht über ein handlungsorientiertes Bildungskonzept für allgemeinbildende Schulen, Bielefeld 2005, Online. http://www.sowi-online.de/praxis/methode/juniorfirma_ein_erfahrungsbericht_ueber_ein_handlungsorientiertes_bildungskonzept_allgemeinbildende.html, Stand: 12.02.2015.